# 바람 소리

다시올시선 _ 017

詩

# 바람 소리

전영란 시집



다시올

## ■시인의 말■

모로 세운 시간의 얼룩에 가슴이 아렸다
그때마다 시를 찾았다
나에게 시는 기도였고 피난처였다

한 줄의 이 언어가 나를 치유하고, 더 나아가
누군가에게 약이 되고 깨우침이 될까 하여
미약한 글이나마 쓰게 된 지 몇 해

2012년에 두 권의 시집을 상재하고
2년의 세월을 보내며 쓴 글을 모아
3집을 세상에 내놓는다

서평을 써 주신 마경덕 시인님
예쁜 책을 만들어 주신
다시올 문학 김영은 사장님께 감사한다.

비록 졸작이지만 이 글이
누군가의 가슴에 작은 등대가 된다면
하나님만 영광 받으셨으면 좋겠다.

2014년 12월

저자 전영란

▪차례

# 바람 소리



## 1부 시선을 바꾸면

## 2부 소중한 손

▪차례

# 바람 소리

## 3부 중심잡기

## 4부 아직도 먼 길

# 1부

# 시선을 바꾸면

# 시선을 바꾸면

러닝머신을 하는 동안
오른쪽에 있는 텔레비전에
붙박이가 된다
2초마다 바뀌는 화면에 팔려
상자 속에 나를 가두고
무차별적인 메시지에 빠져들다 보면
비명을 지르는 건 목뿐만이 아니다
슬쩍 곁눈을 보면
관악산이 달려오다 안양천에 풍덩 빠져
기지개 켜던 봄바람 깨우고
징검다리 사이 얼음물 녹아
깨금발 뛰며 노는 아이들
꽃눈 틔우는 봄의 정령들
지구가 따뜻이 데워지고 있다
창문을 열고 겨울을 몰아내듯
우리의 시선도
내 생각도,
이별은 사랑을 뒤집어 보았기 때문이다

# 갈매기의 비애

유혹의 손짓을 하였지
한 점 허기를 달래기 위해서
자존심마저 팽개친
슬픈 곡예비행
때로는 물속으로 곤두박질치면서,
길든 맛에 우린 서로
벌떼처럼 달려들어 치고받았지
야성을 잃어가는 날갯짓에
호들갑을 떨며 즐거워하는 웃음들
그때야 알았어
조명받지 못하는 화려한 군무
그 뒤에 숨겨진 슬픈 그늘을
호기심을 채우려는 노리개로 전락한
일상의 아픔을
철썩이는 파도는 알고 있었지
이쯤에서
부질없는 욕심 훨훨 날려 보내고
더 높이 나는 꿈을 꿔보자 하지만
항구를 떠날 수가 없다고
끼룩끼룩 끼루룩

# 거미

갈참나무에 가로세로 줄 하나 걸렸다
기회를 엿보던 어미 거미
바람결에 휘청거리면서도
메뚜기를 묶어놓고 각을 재고 있다

세상이 궁금한 새끼 거미
어미 품 박차고 달아나려 하지만
풍파를 겪어본 어미는
칭얼거림을 달래며
전리품을 발라 먹인다

새끼들 주렁주렁
시도 때도 없는 허공의 전투
살벌한 육박전은 계속되고
어미는 새까맣게 멍들어 간다

삶이 그러하듯이
이 세상
어미들은
모두 전사다

# 곁

서울역 지하도 비둘기 한 마리
발 동동거리고 있다
어디에도 없는 먹이
둥지 틀 나무도 풀 섶도 없다

악취 난무하는 요지경 속
밟히고 찢긴 상처
쓰디쓴 한숨으로 삭혀낸다

풍요 속에 말라버린 생명
날갯짓할 기미가
아직은 보이지 않는다

욕망으로 화려하게 솟은 빌딩 숲에서
방향을 잃고 절뚝거리는 비둘기
출구가 없는
지하 계단에 갇혀있다

# 꽃등

겨우내 움츠렸던
햇살의 고운 문장을 읽습니다
잎도 없이 피어나 떨고 있는
벚꽃 어루만져주다가
봉긋한 가슴 풀어헤친 산수유
옷깃 여미어주며 속삭이다가
상처마다 핏물로 치장한 홍매화
가슴에도 살짝 내려앉습니다
길이 있어 가는 것이 아니라
꽃이 불러 가는 길
꽃들이 춤을 추며 반가워합니다
쭈뼛거리던 바람도
풀 향기 가득 싣고 달려옵니다
내 영혼에 화르르
꽃등이 켜집니다

## 슈퍼 문

저 달도 장손인가보다 별 몇 개 떼어다 부침했는지 엊그제까지 보이던 별 자취를 감췄다 옥토끼 불러다 떡 방아 찧고 계수나무 이파리로 나물을 무쳤나 보다 우주를 조각내 명절 준비하느라, 구름보자기에 가득가득 채워 보내느라 힘이 들었나 보다 띵띵 부었는지 슈퍼 문이 되었다

밥 먹이는 일 표 나지 않은 전쟁이다 식구들 채워줄 탄약 준비하러 일주일 전부터 시작되는 전쟁, 큰 시장 작은 시장 대형마트 동네 슈퍼 바람 소리 날리며 들락거렸다 치사랑 내리사랑 장손의무 수십 년 퉁퉁 부어 하마가 되었다

힘들어도 며칠이면 지나가는 것
화가 나도 참고 나면 순간인 것
나를 보라는 듯 창밖 보름달, 빙그레 웃고 있다

# 다슬기

검버섯 할머니
날씨가 궂을라치면 어김없이
아이고 다리야, 아이고 허리야
뉴스처럼 되풀이하고, 그런 날 우리는
논두렁 건너 냇가로 달린다
겹겹으로 무장한 다슬기
관절에 특효라는 소문에
물불 모르는 거인들의 손
서슬 퍼런 욕망까지 걷어 올리고
무수한 시간을 견뎌온 생태계
버릇처럼 한 발 멀어져간다
성지를 잃고도 반항 한 번 못하고
보이는 것만이 사랑은 아니라며
긴 미로 속에서 웅성거리다
지느러미도 없이 강바닥을 읽으며
할머니 부활을 꿈꾼다

# 단풍

산맥 같은 이파리 치렁이며
빛나는 푸름 으쓱거렸다
한때는 알록달록 비단옷 입고
잘난 척도 해 보았다
흐르는 세월 투명한 마음 하나 남기고
붉은 울음 다 토해냈다
바스락거리는 소리에 황홀한 꿈을 꾸며
바람 따라 날아가다가
운 좋은 몇은 소녀들 책갈피에 들고
또 몇은 떠난 사랑 그리움으로 가슴에 박히고
방황도 운명이기에
무참히 짓밟혀도 아랑곳하지 않았다
다시 새싹으로 태어나
기대어 앉을 그늘 하나 만들어주고 싶은
소망 하나
꿈결처럼
꽃이 되어 땅속에 눕는다

# 매미

난 창이 좋아
사랑하는 당신 창이면
더욱 좋겠어

아침잠에서 깨어
당신 모습 볼 수만 있다면
모닝커피 한 잔
함께 할 수 있다면
이레를 산다 해도 서럽지 않아

당신을 위해 아침을 차리고
지난 일곱 해
이날을 기다리며 준비한
내 사랑
온 힘을 다해 노래할 거야

어차피 타고난 짧은 생
당신만을 위해
이 목숨 다할 때까지
그대 창가에서
맴 ~ 맴~

# 만약과 설마

생명과 죽음,

하늘과 땅 차이입니다

설마의 뿌리는 탐욕에 있어

무너져내린

사망의 그림자로 잎을 피웁니다

만약은 존중과 사랑에서 출발하는

몇 백 년을 사용해도 끄떡없는

나도 배우고 싶은 생각입니다

설마에서 만약까지

다 내려놓고 건너야 할

머나먼 사고思考의 강입니다

# 문명의 뒤편

몇 십 년 묵은 쌀독을 버렸다
어머니 손때 묻은 것
남편 졸라 낑낑거리며 실어 와
숨 쉬는 쌀독으로 쓰려
이사 다니면서도 끔찍이 챙겼다
무겁고 관리하기 힘들다고
편한 것만 찾는 세상
비좁은 아파트에 불룩한 배가 이유되어
편하고 값싼 용기에 밀려났다
상아 당구공을 대체하기 위해 탄생한
고분자 물질
20세기를 지배하는 소재 플라스틱,
수천 년 동안 내려오던
장독대 항아리도 밀어내고
조상 대대로 받아온 사랑도 밀어냈다
문명의 기차는 지나가고
우리를 덮쳐오는 위험과 공포
안방을 떡 차지하고 있다

# 물

쉬지 않고 달려야
맑은 영혼을 가질 수 있습니다

아름다운 풍광 속에서는
유람선과 하나가 되어야
지친 영혼들 새 힘을 얻습니다

때론 도심 오 · 폐수도
넉넉히 안고
꼿꼿이 흐르라 적혀있습니다

뼈도 없고 국경도 없어
부딪치며 떨어져도
얼굴 한번 붉히지 않고 하나 됩니다

졸졸졸 합창에
우주가 일어납니다

# 바오밥나무

여기는 소행성 어린 왕자의 별
응가이 신神의 실수로
하늘에 뿌리를 두고 심어졌지

키는 어찌나 크던지 뿌리는 얼마나 깊던지
자라는 대로 놔뒀다가는
우리별이 산산조각이 날 것만 같아서
보이는 대로 뽑았어

네가 사라진 후에야 알았어
생명을 살리는 우듬지로
치료제로 해독제로 쓰인다는 것을
창조주의 실패작은 없다는 것
존중받지 못할 생명은 없다는 것을

그냥 그대로 자라게 둘 걸
예나 지금이나
나보다 더 잘난 것에 대해 두려움과 질시는
하늘과 땅 사이 숨 쉬는 이들에게
가슴 무너지는 언어였어

# 빈집

오랫동안 집을 비웠다
들어서는 순간 죽음의 냄새가 가득하다
고운 빛으로 애간장 녹이던
자줏빛 영산홍도
분홍빛 천리향도 다 죽었다

나는
살생을 묵인했던 방관자다
비명 지르며 달려가
떨리는 손으로 더듬으니
마른 잎 우수수 떨구며
주체하지 못한 눈물을 흘린다

미안한 마음 담아
이파리 떼어내고
다독이며
함께 앓아누울 수 없어
땀방울 보탠다

앙상한 유골에 다시 피어나
너울질 새잎을 그리며

# 불면

절룩거리는 낙타 한 마리
출렁거리던 물주머니가 버석거리고 있다
끝없는 사막
눈이 게슴츠레하다

사막 한가운데 갇힌 나도 요지부동이다
어둠의 긴 터널 한가운데서
별을 불러보지만 들리지 않나 보다
기다림에 지친 문장이 흔들거린다

삼각형 혹은 육각형의 바람
다시 원형으로 이어져 동공 속으로 분다
오래 가문 날이 빳빳하게 날을 세운다
지우려 할수록 더 선명해지는 언어들

속 가슴에 묻어둔 언어를 조합해 시를 짓는다
뭉게뭉게 부풀어 오르는 언어를 찾다가
어둡고 후미진 골목을 벗어나려고 안간힘이다
귀를 세우고 어둠의 소리를 듣는다
달그락달그락

# 가을비

빛바랜 사진 속으로 내린다
분주했던 젊은 날엔
보슬비로 보슬보슬 내려
한 송이 꽃으로 피어나게 하더니
여름 햇살에
푸름을 시샘이라도 하듯
천둥 번개에 소나기로 퍼붓기도 하며
경거망동을 선동하기도 했다
풍성했던 계절 뒤로하고
물결치던 잡초 덤불이 된 계절
마지막 단풍을 배웅하는 듯
칙칙하고 을씨년스럽게
애처로운 추억을 수놓는
내 몸의 문장을 읽으며
꿈속에서 헤매다가 데인 콩닥거리는 가슴에
그리움 체로
그리움 체로만
내린다

# 어느 하루

내가 또
누군가를 힘들게 했나 봅니다
늘 잘하고 싶은데
엎질러진 물을 보고서야
신중하지 못했음을 압니다

모르는 것 말하지 말고
아는 것도 말하지 말라는 소리는
머리에 쟁쟁한데
어찌하겠습니까?
이것이 나인 것을

비갠 하늘도 담아오고
넓은 바다도 한 귀퉁이 끌어와서
가을처럼 넉넉한 사람이 되어
함께 걷고 싶은데

이미 늦었습니까?
날은 저물어 가는데
억새는 아직도 무성하고
잡초는 뽑힐 줄 모르니

# 얼굴

마음 따라 움직이는
기상대입니다

한편에는 맑은 하늘이
다른 한편에는
어두운 구름이 삽니다

기압이 불완전한 날이면
눈초리가 번쩍이고
우르릉 쾅쾅 우레가 쏟아집니다

흙탕물이 흐르기 전에
비설거지 재빠르게 끝내고
적당한 가면을 써야 합니다

언제나 청명한 하늘이고 싶지만
뜻대로 살지 못하는, 나는
흐린 날이 많습니다

## 열망熱望

오랜 칩거 끝 외출이다
가슴만 막혔던 게 아니어서 몸에도 날개가 돋는다
자동차들 곡예 하는
들끓는 도시를 벗어나
고속도로를 바람처럼 달리고 있다
눈앞에 펼쳐진 산야
몸 안에서 꿈틀거리는 이것,
열망이다
어쩌자고 너를 사랑하게 되었는지
도덕에 묶이고 율법에 묶여
마음껏 울고 웃지도 못하면서
시도 때도 없이 소용돌이는 왜 쳐대는지
아무것도 할 수 없으면서 왜 꿈은 부푸는지
고독에 휩싸이다가
가면을 쓰다가
삶이 주는 어리석은 핑계
한 슬음 바람 지난 뒤에도
언어의 표면에서 버림받지 않을
뜨거운 덩어리 어디엔가 숨어있는
소중한 너를 찾아

# 이력서

안양천 둑방길
하얀 눈 위에 찍힌 발자국들이
다사다난한 이력을 품고 바람에 날린다
너나없이 동동거리며 안간힘 다하며
오고 간 흔적
다이아몬드형, 네모형,
세모형, 화살표 형, 빗살무늬까지
대흥사* 천불전 불상처럼
모습도 무늬도 제각각이다
손을 꼭 잡은 듯 가지런한 모습도 보이고
맺어지지 않은 인연이었는지
엇갈린 발자국도 보인다
서로 다른 무게와 인연들 사이
온갖 환란 견뎌낸 몸부림이
아직도 끝나지 않은 인연처럼
하얀 도화지 위에 운명처럼 적혀있다

* 대흥사 : 전남 해남 소재 사찰

# 고드름

대동강 물도 녹는다는 우수인데
아직도 얼어 있는 너를 만난다
무슨 한 그리 맺혔기에 녹지 못하고
댑바람이 가져다준 설움 부둥켜안고
마음 걸고 비수까지 품었는지
미끄러지고 각에 찔려 상한 사람들
너를 피하는데
달래 줄 봄바람은 어디쯤 오는가
바람은 여전히 차갑다
이리 반짝이는 것을 보니
분명 사랑이 그리운 것이다
따스한 가슴이
따스한 말 한마디가
제 살 깎아내어 온 생명 살릴 것인데
꽁꽁 언 세상처럼
직립으로 서 있는

## 잡초

풍채도 없고
흠모할만한 아름다움도 없이
허름한 마음 뒤척이며 살아온 생
안개 자욱한 세상
어둠 깔린 바닥에서
웬만한 폭력 안면 몰수에도
구둣발에 거침없이 밟히면서도
염통과 심장 다 떼어내고
지나가는 길손 방해하지 않으려
낮게 엎드려 살았다
갈수록 사나워가는 세상인심
이유 없는 발길질에 차인 오늘
온종일 조롱받은 먼지 털어내며
애써 웃음 짓는 얼굴이 아프다
바람 불고 폭풍우 지나가면
오히려 빛나는 푸름으로
밟으면 밟을수록 더욱 강해지는
온 세상 푸르게 물들이는
저 질긴

## 향수

도시형 주택과 자가용,
포장도로 걷어내고
무슨 축산 무슨 공장 다 철거해버리고
촘촘히 박힌 전신주도 뽑아내고
거기에 눈썰매 달리던 골목길 들이고
냇가를 지나 바다로 나가던 논둑길도 만들고
도란도란 얘기하던 방죽에
함박꽃 같은 달도 띄워놓고
흩어진 동무들 불러와
신명 나게 강강술래 한바탕 추고 싶다
다시 그 시절로 돌아간다면
애절하게 잡던 너의 손
그리 무참하게 뿌리치지 않을 것을
시간의 뜰 안에 마음 줄 묶어
여기 들판에
한 떨기 꽃으로 피어날 텐데
동화 같은 그림은
다 지워지고

# 흐르다

봄, 꽃눈 뜨느라 부산한 안양천
밑동만 남은 칼바람 스산하게 지나가고
잠시 머물던 오리 떼 유유히 떠가고
나도 따라 흘러간다

가끔 가로막는 모래무더기
돌부리를 만나도
돌아가고 비켜가며 멈추지 않는다

어떤 날은 잔잔함으로 주저앉아
하늘 닮은 노래 부르고 싶었지만
떠밀려 가야만 하는 천형 같은 길

멈출 수 없는 세월
시름시름 앓는 사이
물갈기 세운 바다
나 또한 높은 파도 되어 허둥거린다

밤새 솟구치던 짜디짠 눈물
가슴속 생채기들 풀어 놓으니
가라앉은 절망의 입자들처럼
생의 두께가 무겁다

# 하얀 고독

가슴 휘저으며 바람 지나갈 때
가치 있는 삶 살고 싶다면
흔들리지 말고 자리 지킬 일이다
넋이라도 맞바꾸려 덤비다 보면
자기도 모르게
허방을 짚어 절룩거리게 되고
상한 마음 벌겋게 눈 치켜뜨다 보면
제 눈 찌르기 십중팔구
모진 세월 암묵으로 제 자리를 지켰기에
천 년 바위는 사유의 뿌리가 되었고
수줍고 여린 달빛을 사랑했기에
달맞이꽃은 어둠에도 환했다
보호본능에 비틀거리는 남편도
기다림에 지친 가슴앓이 아내도
있어야 할 자리에 있을 때
별빛 가득한 웃음이 거기 있다
아무리 아름답다 해도
영육은 세월의 옷일 뿐
진실 하나면
보이지 않던 길도 환하다

# 짝사랑

나비 한 마리 팔랑거리며
들꽃 문장을 읽고 있다

개망초 위에 앉아 하얀 꽃술에 입 맞추다가
엉겅퀴로 날아가 보랏빛 문장도 읽고
물 기운 흠씬 고개 숙인 강아지풀에
꾸벅꾸벅 인사하다가

비에 맞아 찢긴
금계 국 노란 꽃잎에 앉아
날개 저미며 자장가 불러준다

다가서 셔터를 누르려 하니
아기 잠 깨운다고
눈 부릅뜨는
나비 어미

# 다시, 시작

시에 입문한 지난날을 뒤돌아본다
평생 꿈 이루었다 심장 울렁거리고
좁은 가슴 터질 듯 정신 놓고 허둥거렸다

시어를 찾으려 동분서주
시도 때도 없이 강변에 나가
흐르는 물에 귀 기울이고
새 소리 꽃 열리는 소리 낙엽 지는 소리 들으며
개미와 지렁이 나비의 춤사위 곁을 지켰다

먼 길 떠나기 여러 번
살아있는 것들에 소리와 냄새의 맛을 보았다
한 겹씩 벗겨지고 알몸 다 드러내니
타고난 끈은 되지 못해 둔탁한 소리가 괴롭힌다

세월과 함께 시어는 늙어가고
관념은 초라하기 짝이 없다
주어와 목적어 서술어만 만지작거리면
은유와 상징은 바위 뒤에서 낮잠을 자고
필요 없는 조사는 수치심도 모르고 설치고 있다

이제 껍질을 벗고 다시 길을 떠나 보리라
바람이 들려주는 해와 달 창공의 언어를 찾아
나무와 꽃에 잠든 벌레들의 말을 들으려
신이 만드신 태초의 언어를 찾아

# 희망의 목소리

엽서 속 알프스 산자락
빨간 지붕 아래 핀 제라늄
지난 초겨울 우리 집으로 이사 왔다
겨우내 베란다 붉게 물들여
콧노래 흥얼거리게 하더니
오뉴월 뙤약볕에 꽃이 졌다
이웃집 조언 따라
줄기를 동강 내어 빈 화분에 꽂았다
뿌리가 나오나 뽑아 보라는 데
건들면 솟구치는 내 가슴처럼
이놈도 저어하여
물주고 쓰다듬고 햇빛 바람 쐐주며
수고한다 예쁘다 칭찬만 했다
싹 틔우기 절반도 어렵다는데
한 놈도 실족 않고 앞서 거니 뒤서거니
줄기마다 초록이 미어지게 올라온다
기다리고 참아주면
더디 되는 놈도
농염한 햇살에 붉은 꽃 만발한다
너도나도
구속은 말고 사랑만 달라한다

2부

# 소중한 손

# 소중한 손

잠든 남편 손을 가만히
가슴에 올린다

쉴 새 없이 동분서주했던 큰 손
솥뚜껑처럼 단단하다

타고난 선한 성품
누구 한 번 때려보지 못했고
계산할 줄 모르고 주고 사는 삶 익숙하니
자기 몫이라고 움켜쥐지 않았을 것이다

거절하지 못해
몸에 맞지 않은 거추장스러운 옷 입고
환난과 핍박 견뎌온
엄지 검지 중지 손바닥까지
고생했다 쓰다듬어 본다

이 손을 잡은 지 벌써 37년
서로 다름을 인정하지 못한 나로
얼마나 지쳤을까
앞으로 얼마나 더
이 손 따뜻이 잡을 수 있을지

# 사랑

동동거리며 뛰는 사내
호주머니 동전 몇 개 찰랑거린다

심한 입덧으로 오징어 좋아하는
아내의 얼굴 오버랩 되고
손을 넣어 동전을 만져보지만
오징어는 꿈이었다

귤 장사 좌판도 지나치고
붕어빵 가게 앞에서 발을 멈추었다
허전한 손보다 허전한 마음
붕어빵으로 대신한 오징어

붕어의 심장이 살아있다고
만져보라며
호들갑을 떨었던 아내

# 나눠 먹기

은퇴 후 세월만 죽이던 남편
꽃샘추위 가시기 전부터 농사짓겠다며
꽁지에 프로펠러 달았다
산자락 토닥거려 텃밭 만드느라
해쓱한 얼굴에 홀쭉해진 허리
영락없는 농군이다
하늘 해바라기 따라 나른한데
손꼽아 기다려도 소식 없던 농산물
고추며 토마토며 옥수수 호박 상치 깻잎
농산물 백화점 자랑하더니
호박 한 개 고추 몇 개 토마토 몇 개
비닐봉지 건네주며
날마다 동무해준 벌레한테 나눠주고
벌레들이 남긴 건 새들한테 나눠주고
얘들이 외면하는 상치 깻잎 쑥갓
골방 쥐처럼 드나드는 깨복쟁이 동무들이 거둬가고
우리 먹을 건 이것뿐이라며
멋쩍게 웃는다
나도 따라 웃는다

# 옐로카드

주차위반 3만 2천 원 날아왔다

속도위반 7만 원 날아왔다

'그까짓 거' 하는 사람

가슴 졸아드는 사람

세상 사람들 다 그렇게 산다는 사람

나 하나만이라도 교과서로 살고 싶다는 사람

두 사람이 산다

하늘에서 보면

모두 다 불법 인생이다

나라 살림에

보탬이 되었으면 좋겠다

우리 집에는 애국자가 둘씩이나 산다

# 고슴도치

두 아이 배낭여행 보내놓고
남편은 들어올 때마다
딱 한 마디
애들한테 전화 왔어?
아이들 여행 그리 말리더니
몇 밤 지나지도 않았는데
노래가 되었다
아이들 없는 텅 빈 집
미적미적 늦어지는 귀가

어느 나라에선 테러가
또 어디에선 화산폭발이
억장 무너지는 소리 들리는데
짜아식들 왜 전화 안 하는 거야?
마치 아이들과 합세한 나에게
항거하는 듯 짜증 묻은 목소리
자식 향한 마음, 크나 작으나
품에 안고 있어야 하는

# 어머니

산다는 건 때때로 꿈같은 것
생신 잔치해드린다고 자손들 모였는데
다 닳은 손금 내미는
구순의 어머니
내 사전에 딸은 자식도 아니었는데
딸 신세 지며 구차하게 산다고
눈물 가득한 가슴이 보인다
세상에 둘도 없는 효자 아들
극진히 모셔 주리라 생각했는데
감옥 같은 아파트
아무것도 할 수 없어
며느리 꼬리 되어 허둥거리기 몇 해
밟을 땅 찾아 돌아왔다
흐르는 세월 따라 바람처럼 허물어진 꿈
울컥 쏟아지는 피 멍울
흠 없이 꿈을 지어드리고 싶은
맏며느리라는 버거운 이름

# 마지막 기도

모든 것 다 주었으면서도
마지막까지 놓지 못한 것은 자식이었습니다
늘 무표정한 얼굴로 틀 속에 갇혀 있었지만
당신의 두뇌 속에 넣어둔 기억은
무엇보다 더 따뜻하고 부드러울 수 없었습니다
무서리 내린 늦가을 하늘길 가시기 전
비가 오나 눈이 오나
무심한 발걸음 분주히 가시던
낮추어 무릎 꿇던 기도처
마지막을 예감한 듯
가진 것 다 드리고 자식들 맡기심은
따스한 햇살 품고 일생을 살아가신
당신의 마음이었습니다.
선홍빛 가르침 뚝 뚝 떨어지는 오늘
당신을 만나 때론 아픔도 있었지만
낡은 슬레이트 지붕 밑
아궁이 앞에 쪼그리고 앉아 잔솔가지 지피며
도란도란 나누었던 이야기들이
사랑이었음을 이제 알겠습니다

빛바랜 사진 들춰보며
당신이 굽어보는 눈동자 안에서
부끄럽지 않도록 살아가겠습니다
어머니.

* 2013년 시어머님을 하늘나라로 보내드리고

# 보름달을 보며

불치병이 도지는 날은
달 속의 아버지를 불러냅니다
우리 딸 그동안 잘살았어?
아버지 얼굴이 환합니다

덩덩 궁 따 궁 담장을 넘어가는
아버지 장구 소리 신명 나게 돌아오고
얼쑤 절수 추임새 넣으면
나풀나풀 춤을 추던 나도 보입니다

좌중을 휘어잡는 아버지 재담에
동네 사람 모여들어
웃음소리 한바탕
고샅길로 울려 퍼지고 나면

울퉁불퉁한 세월
변덕스러운 바람 불어와도
은은한 난초 향기 잊지 말라
당부하는 아버지

달덩이같이 환한 웃음 남기고
다시 달로 드십니다

# 내리사랑

입원 소식 오던 날
나는 석 달도 안 된 손녀 품에 안고 있었다네
바람 부는 들녘에서
어머니 흘린 땀으로 내가 있는데

어지간히 아파선
혼자 해결하시더니
남의 손 빌어 병원 가셨다니

퍼내도 퍼내도 마르지 않던
그 사랑
휘어진 몸 껍데기만 남았네

덜컹 가슴 무너지고
마음은 어느새 남녘으로 달리는데
몸은 움직일 수 없었다네

당신 손녀, 증손녀에게 갚는다고
먼 하늘만 쳐다본다네
가슴은 바다처럼 철썩거리다가
까맣게 멍들어 그믐밤이네

# 염낭거미

택배 기사 문자가 왔다
완두콩 심었던 구순의 엄마
급한 마음으로 수확하여
부치는 날까지 냉장고에 보관했다지만
여름날 택배 자동차에
반쯤은 썩어 문드러진 완두콩 배달되었다
첩첩이 감기는 먹먹한 가슴
식구들 좋아한다는 한마디에
고추며 옥수수며
호박 쪽파 심어놓고
약통도 지고 물도 주느라
뒤틀리고 파인 붉고 검은 상처들
맛나게 먹는 모습 그리며
잘 도착했느냐고 건너오는 목소리
맛있게 먹겠다는 거짓말로
일생 엄마를 파먹고 사는
나는 몇 겁의 생을 굴러도
밉지 않은 거미다

# 하늘의 신부

보청기에 의지해
흩어지는 소리를 줍던 어머니가
그것마저도 여의치 않은지
세상 소리에 문을 닫고
까맣게 탄 가슴 다독이며
천상의 소리에만 귀 기울이신다
이제 삶을 내려놓고
천국 꽃밭으로 가려는
가여운 한 마리 나비,
뒤틀린 몸짓언어로
날마다 구하는 간절한 기도
순종의 날에 준비될
하늘,
찬란하다

# 유년 엿보기

아이들이 자라면서
지나가는 바람도 허투루 보이지 않는다
일곱 살 예원이 유치원 등굣길
앞에 가는 남자친구 꽁무니를 보더니
어! 재 ㅇㅇㅇ다, 한마디 하고는
할미 뒤로 숨다가
몸을 비비 꼬다가
수줍은 새색시 모양이다
남자친구 잘생겼네, 좋아해? 묻는데
오십 년도 훌쩍 넘은
내 유년이 눈앞을 막는다
내 가슴을 훔치고 간 그 녀석들은
지금쯤 어떤 모습으로 살고 있을까
일곱 살 할미와 일곱 살 손녀
마주 보며 웃는다

## 이별 연습

처음으로 엄마와 떨어져 객지에 온 열일곱 소녀
토요일만 되면 항구에 나타나는 가난한 학생이 있었다
고향으로 회항하는 여객선에 그리움만 실어 보냈다

한 달에 한 번은
고향에 가고 싶었으나
해가 바뀌고 그리움도 바뀌어갔다

한 달에 한 번이 두 달에 한 번으로
3년이 지났을 땐 그리움을 애써 잊기로 했다
삶의 전쟁은 점점 더 치열해졌고
사진첩 여객선은
소녀를 태우고 먼 바다로 나갔다
휘몰아치는 광풍에 흔들거리며

세월은 흘러가고
환란에 맞서온 몸부림의 훈장
지난 기억 깡그리 표백시키는
밤이 하얗다

# 딸에게

딸이다가 아내가 되고 어미가 된 딸아
찜질방에 나란히 누워
사랑한다 말 못하고 꼭 안아주지 못한
미안한 마음 전하고 싶은데
한 아이도 힘들다고 아우성인 세상에
세 아이 엄마 되어 날마다 전투 중이구나
아비를 닮아 필요한 말만 하는 너는
고단하다 도와 달라 한마디 없이
엄마는 나보다 더 바쁘다 투덜거리며
배려하는 마음이 어여쁘구나
목화송이같이 탐스럽던 네가
대한민국 아줌마 반열에 들어
전사처럼 단단해져 어깨는 넓어지고
거칠어진 피부를 볼 때면
어미 가슴은 먹먹하단다.
하지만 이 땅의 살아있는 것들이
어미의 희생이 없었다면 어찌 존재하겠느냐
강아지를 낳은 어미 개가
새끼를 지키려 얼마나 사납더냐
아직은 아득한 계단을 오르고 있다만
알알이 영그는 사랑 나무의 열매가 탐스럽구나
때론 어미 어깨에 머리라도 기대고
잠시 쉬었다 가렴

# 소망

천지 고요한 2013년 2월 28일 새벽
주의 손에 선택되어 내게 온 천사야

어느 별에서 있다가
우리 집으로 왔는지 향기 가득하구나

한 치 앞도 모르는 세상으로
발을 디디며
나에게 손을 내민 네 앞에서
소망을 가슴에 품는다

네 편이 되어줄게,
세상이 주고 간 상처
둥글둥글 다스리면서
세계를 나침반 삼아 별처럼 빛나라

너의 축복으로
온 세상이 밝아지도록.

*셋째 손녀가 태어나던 날

# 어떤 거래

조기교육, 중독에 빠진 사회 자녀의 미래가 영어에만 달렸단다 극성파 엄마는 원주민 발음 위해 아이 혀를 수술하고, 좋은 대학 좋은 직장 좋은 집 좋은 자동차 목마른 망상에 빠져있다 구구절절 말하지 않아도 직장인의 자기계발 1순위도 영어, 이중 언어 사회란다 새파랗게 질려 태어난 아이 뒤뚱뒤뚱 걸음마까지 1년은 기다려야 한다 언어 교육도 마찬가지 국가 경쟁력을 향상한다니 자기 뿌리 잃은 세계화가 경쟁력이란 말인가

네 살짜리 언니가
6개월짜리 동생에게
예림아!
언니라고 불러봐 이렇게
언^^니^^
까까 줄게

## 먹고 보는 세상

일단 먹고 보는 세상, 먹고 먹고 또 먹고, 선악과를 먹은 조상을 가졌으니 할 말은 없지만, 밥도 먹고 술도 먹고 돈도 먹고 피박도 먹고 광박도 먹고 쓰리고도 먹고 여기저기 눈에 보이든 안 보이든 변리라도 내서 골고루 먹는다 봄이 온다는데 민주화된 세상이라는데 청렴결백이라는데 아직도 버리지 못한 구시대 근성 지능 높은 꾼들은 여전하고 권력의 단맛에 길들어 뇌물은 재판을 굽게 한다는데 선물도 선물 나름 너무 크면 자기 살 찢을 줄 머지않아 알겠지.

11개월 된 예림이
머리끈도 먹고 종이도 먹고 제가 싼 것도 먹고
강아지 밥도 먹더니 가위도 먹는다
이놈아, 입술 찢어져!
달려가서 빼앗지만 알 턱이 있나
으앙!
먹지 못한 설움만 눈덩이처럼 뭉실뭉실

# 사랑이라는 이름으로

장미 꽃술 같은 새아가
하늘빛으로 서 있는 내 아들
내 얼굴에선 웃음이 피어나지만
감격의 눈물이 가슴에 고였다
네가 나에게로 온 건
창조주의 계획이었는데
그 큰 뜻 알지 못하고
여린 가슴에 상처를 주었던 세월
서툴기만 했던 엄마
사랑이라는 이름으로 통제했던 시간이
무성영화처럼 눈앞을 스쳐 간다
이제야 알았다
32년 전,
태중에서 널 만난 건
무지개로 엮인,
사랑이었다

# 창조의 선물

은총이 햇볕처럼 쏟아졌다
백탑의 도시 프라하* 녹음방초 우거진
2013년 4월 24일, 여행 중
임신 6주째라는 소식
이곳은 벌써 초하初夏, 창문을 여니
끝 가지까지 물오르는 소리
초록으로 덧칠하는 소리
맑고 초롱초롱한 이름 모를 새소리
삼중주 화음 맞춰 노래한다
벌 떼처럼 달려오는 눈물
터질 듯 부풀어 오르는 무지개
숨이 막힌다.
어둠의 밤이 환하게 걷히는 새벽
행복이 통증으로 오는 시간
새아기 상희야
고맙다
축하한다
사랑한다

* 프라하 : 체코의 수도

# 아가야 · 1

캐럴이 울려 퍼지는
성탄의 계절
눈발 흩날리는 서울의 밤거리에서
너의 탄생을 듣는다
2013년 12월 13일
금빛별을 달고 눈부시게 달려와
몸에 안기는 너
참으로 오랜 기나긴 침묵 끝에서 만난
내 인생의 비밀부호
할아버지 성을 가진 첫 번째 손녀로 등록되었다
꽃이 피고 진자리 응어리 같던
우리 사랑이 열매 되어 온 아가
너를 향해 쏟아지는 그분의 은총으로
온몸을 돌고 도는 피의 순환
가슴속에 촛불이 화르르 밝다.

*넷째 손녀가 태어나던 날

# 아가야 · 2

너를 만나러 가는 길
제주행 비행기가 팡파르를 울리며
창공을 날았다

도민 1명 추가요
온 우주가 빙그레 미소 지으며
더 높이 더 멀리 나는 새가 되라는
환호의 메아리처럼 들려온다

발밑에 피어오르는 뭉게구름도
작은 꽃씨로 이 땅에 심어진 너와
생명을 주신 분께 보내는
찬탄과 경배인 듯 기립박수로 환호한다

비록 거친 바다 같은 세상일지라도
이 강산 가득히 꽃으로 피어나
이 땅을 넘어 열방과 민족 가운데

꽃 등처럼 너의 얼굴 환하게 걸리기를
은빛 날개 사이로
아침 햇빛이 하늘을 가득 메운다

# 귀

내게 소리를 먹지 못하는
귀 하나 있습니다
태어난 지 3일 만에
신이 회수해 갔습니다
쓴소리든 단소리든 밖에서 맴돌다
흔적도 없이 사라집니다
주인을 잘못 만난 달팽이관은
다섯 번이나 마취제를 삼켰습니다
그럼에도 불구하고 한쪽 귀로만 듣다 보니
놓치는 것이 많습니다
남들도 나와 같은 줄 알고
목소리만 커졌습니다
겉으로 보기에는 멀쩡하기에
아무도 모릅니다
남편도 몰랐습니다
하지만 잘 들리는 소리
나의 귀를 가져가신
그분 목소리입니다

# 바람 소리

갓난아기 때
창조주가 회수해 간 내 귀
깜깜한 절벽 같은 그곳에서
가끔 바람이 불어옵니다
어머니 몸에서 만나
변변히 사귀지도 못했는데
세상에 나오기 바쁘게
내 몸에서 가장 먼저 나를 떠나
오랜 고단한 날에도
묵묵히 참고
내 곁에 머물러 있다가
몸이 아프다고
좀 쉬어야 하겠다고
가장 먼저 신호를 보내줍니다
작은 바람에도 가냘프게 떨며
제일 먼저 내게 통보합니다

## 허리 통증

이놈을 만난 지 십 년이 넘었습니다

반갑지 않은 요놈이 오면

자존심이 허락지 않아

인사도 못 합니다

손님이 와도,

남편이 들어와도

누워있어야 합니다

무례한 사람이 됩니다

싫다고 손사래를 쳐도

연중행사로 찾아옵니다

문을 꼭꼭 잠가야겠습니다

하루빨리 헤어지고 싶습니다

# 3부
# 중심 잡기

# 몫

구름 나라로 들어간다
눈이 내리지도 않는데
온통 흰색인 이 나라는, 지금
머리에 이고 있는 태평양이 하늘이 되고
비행기는 땅 위를 달리는 것 같다
서슬 퍼런 도끼를 품고 있는 적란운이나
여린 가슴을 가진 층운 모두다
저마다의 몫을 이행하기 위해
상승기류에 따라 흩어졌다 모였다 반복하는
완벽한 구조다
하늘에서 일어나는 기쁨과 슬픔
지구 구석구석을 둘러본 이야기
가까이 손 내밀면 들려줄 것 같은데
시치미 뚝 떼고 있다
저들이 함구하고 있는 것은
창조의 질서를 무너뜨릴 수 없기 때문이다
참다 참다가 슬픔이 무거워지면
눈물이 되어 땅으로 내려온다

# 천문동*에서

도연명이 꿈꾸었다는 무릉도원
한 폭의 산수화다
걸음마다 경치가 달라지고
가는데 마다 새롭다는 장자제,
천문 산이 찢긴 자리에 하늘이 들어와
깊은 상처는 명소가 되었다
절벽에 걸려 바람의 현을 뜯고 있는
하늘의 문,
아흔아홉 개 굽이굽이 통천 대도를
셔터 소리와 함께 풍경을 끌고 올라가니
999개 계단이 파수꾼처럼 버티고 있다
우리네 인생 끝나는 날 돌아가야 할
아득한 그곳에
깜빡이를 켜고 계시는 분께
저곳에 가면 지금 하늘로 갈 수 있습니까?
버튼 숨 몰아쉬며 질문하는데
대출받은 인생 빚 갚으며 살다가
천천히 오라는 듯
고개 저으신다

* 천문동 : 중국 장자제 천문산에 있는 최고 명소 중 하나

# 중심 잡기

길들지 않은 야성의
삭막하고 메마른 땅
끊임없이 이어지는 사막 한가운데
기적처럼 펼쳐진 화려한 도시,
뜨거운 숨결 토하는
라스베이거스가 있다
화려하게 수놓은 야경 아래 알몸 무희는
때론 섬세하게
때론 강렬하게
호기심 가득한 여행객을 희롱하고
일확천금 꿈을 안고 찾아온 이방인들은
밤을 잊은 카지노에서
도깨비 방망이를 두들겨보지만
삼키는데 익숙한 게임기는
다고 다고 밖에 모르는
심장이 마비된 음녀다
세계 사람들이 북적이는 이곳에서
소돔과 고모라만 어른거린다

# 그랜드캐니언

발길 닿는 곳 마다 경이로운
신의 영역

경비행기에 올라
깎아지른 절벽 사이에 펼쳐진
지구의 속살을 들여다보고

장엄한 지구의 심장 안에서
몇 개의 물줄기가 피돌기 하며
자연의 교향곡을 만드는
청록의 콜로라도 강江도 만난다

수억 년 역사가 새겨진
지구의 나이테
태고의 신비를 지닌
세계 최대 신의 걸작

지구별의 한 점에 매달려
가느다란 바람에도 흔들거리며
가슴이 울렁거리는 것은
더 낮아져야 할
작은 나를 보았기 때문이다

# 날다

파타야 항구에서
낙하산을 타는 바지선에 올랐다
날기 위해선 뛰어야 하는데
숨 한 번 쏟아낼 틈도 없이
넘어지고 꼬꾸라지며
낙하산에 끌려 하늘에 올랐다
하늘과 구름과 바다는 다를 게 없는데
먼 길을 되돌아온 생각이 마음을 잡는다
구름도 잡아보고
새처럼 날아보고 싶었다.
최선을 다해 앞만 보고 달렸는데
높이 올라가면
공기의 저항이 있다는 것도
귀가 먹먹해질 것이라는 것도
화살의 표적이 될 거라는 것도
미처 생각하지 못했다
한 가닥 기대하며
날개를 퍼덕여 보았지만
비워내지 못한 무거움에
제대로 날 수 없다
바람났던 마음 다시 넣고
멍멍한 육신 내려놓는다

# 티파니쇼*를 보고

한 때 야망 가득한 소년이었다
어둠에 갇힌 욕망의 사슬
짧게 살더라도 화려한 여자로 살고 싶어
칼끝에 던져버린 운명
치열한 몸부림
거듭되는 성형
끝없는 경이를 맛보았지만
창조주를 거부한
남자도 여자도 아닌
실종된 정체성
바리케이드 저편으로 피어난 꽃
여자보다 더 여자 같은 남자
발 디딜 곳 없는
네온이 쏟아지는 파타야**의 밤
스스로 판 웅덩이에 갇혀
웃음으로 가려진 눈물이
붉은 장미로 핀다

*티파니쇼 : 일명 트렌스젠더 쇼라고도 하며 세계 5대 쇼라고 한다.
**파타야 : 타이만의 동쪽 해안에 있는 동남아 최고의 휴양지

# 눈물바다

사월의 마지막 날 북태평양 하늘 위에서
빙하를 내려다보며 생각이 꼬리를 문다
가슴 아픈 세월호
태평양이라는 끈으로 연결된
베링해협과 맹골수도는
침묵으로 얼어붙어 가족들 심장을 쪼개고
울다 울다가 지친
어미 가슴 갈가리 찢는다
아직도 바닷속을 떠도는 어린 영혼들
2014년 4월 16일에 정지해 있다
불신과 증오가 폭풍으로 덮인 땅
가슴에 피 멍든 미개한 선진국
서글픈 원성들이 해풍에 밀려온다
바다도 가슴이 답답한지 용트림 치다가
잠 못 이루고 이리저리 뒤척이다가
가슴에 하얀 얼음꽃이 피었다

# 물의 다리

러시아 동쪽 끝에 물길이 있다
칼날 같은 북극 바람을 맞으며
삼백 년 전
땅을 차지하기 위한 탐험은 시작되었다
아시아 대륙 동토의 땅, 시베리아 반도와
북아메리카 대륙 회색곰의 땅, 알래스카 사이
오래전 빙하기엔
두 대륙을 연결하는 육교 역할을 했다는
베링해협,
지금은 동서 냉전의 경계선 되어
아픔도 슬픔도 모른 채
팽팽한 무게를 천형처럼 매달고
수평으로 얼어붙어 누워있다
햇빛은 부시게 내리는데
꽁꽁 언 가슴에 덮여있는 빙하
지평선 가득한 싸늘한 바람
하늘까지 밀려온다

# 황금 자물쇠

태양 아래 눈부신 섬, 괌
시간마다 물빛을 바꾸는
투몬만이 내려다보이는 이곳에
황금 자물쇠에 갇힌 사랑의 절벽이 있다
스페인 식민 시절,
차모로족 추장의 아름다운 딸
근육이 단단한 스페인 장교와 결혼하라는데
적대하는 양극 사이 팽팽히 맞서다가
차모로족 병사를 선택한다
은빛 물결이 잔잔하게 뒤척이는
마술에 걸린 듯 아름다운 밤
그리움을 담고 버겁게 사느니
한순간의 사랑을 택한 연인들은
머리를 묶고 한 몸으로 뛰어내린다
달빛만이 사랑의 동반자가 되었다
지나친 자식 사랑
코끼리 백 마리,
비행기 두 대

# 관악산을 오른다

오래된 숲 기묘한 바위
자분자분 말 걸어오는 사유 깊은 책이다

오르는 걸음마다 넘어가는 페이지
발아래 펼쳐진 세상 중심인 서울
돌아보니 아득한 삶 터
얼마나 많은 길 비켜서 왔을까

어지러운 생각 부둥켜안은
깊은 골짜기에 앉아
일상 내려놓고
책이 담고 있는 이야기에
무거웠던 마음 헹군다

저고리 속 하얀 살 같은 책장에
바람도 잠시 귀를 세우고
가던 구름도 발길을 멈추고
숲의 경전을 읽는다

## 명성산을 오르며

어깨를 짓누르는 짐의 무게가
발을 뗄 때마다 진땀으로 흐른다

정상을 향하여 가쁜 숨 몰아쉬는 사람들
중심이 변질한 얼굴에
적당한 가면은 뒤집어썼지만
저마다의 가슴뼈 어디쯤
날카로운 가시를 숨겨놓고
먼지를 털어내려 안간힘일 게다

이 골짝 어디쯤
왕건에게 쫓기는 궁예의 무리를 만난다면
동상이몽同床異夢의 아픔 함께 나누련만
맞서는 바람을 가르기에 입을 뗄만한 호기豪氣조차 없으니
방관한다면 공범자 될지도 몰라
조심스레 내딛는 발자국이 벼랑 끝이다

공의로운 손길로 거두실
당신을 신뢰하지 못하고
쏟아지는 포탄에 무너져 내렸던 가슴과
웃음을 잃고 하얗게 새운 몇 날 밤을
가을바람에 날려 보낸다

참된 비참은 시간과 함께 지나가는 것,
다시는 목메어 울게 하지 않을 당신이 있기에
외면하고 싶은 현실에
부대끼는 가슴 다독이며
산등성이 억새밭에
서걱거리는 마음 내려놓는다

# 번지 점프

하늘이 파란 날에는
지구 반대편 뉴질랜드로 날아가
번지점프가 처음 시작된 곳
카와라우 강* 위에서 몸을 날리고 싶다
1880년 금을 채취하기 위해
영국인들이 만든 현수교**
누구도 거들떠보지 않던 버려진 다리 위에
특수고무줄이 설치되고
줄을 묶고 뛰어내리는
마오리족의 성인식을 본뜬 점프는 시작되었다
번지점프라는 새로운 언어와
야무지게 묶은 특수고무줄로
횡재한 사람 AJ하켓
전율할 스릴을 원하는 인간
하늘을 날고 싶은 욕망을
어딘가로 내 던지고 싶은 지친 육신을
예민한 촉각으로 끈질긴 집념으로 연구 실험했다
사는 일이 힘들고 지친 이때
우리가 본받아야 할 지식 산업
우리도 할 수 있다
인생은 70부터라니

* 카와라우 강 : 뉴질랜드 남섬에 있는 강
** 현수교 : 교각이 없는 다리

# 베를린 장벽에서

1961년, 공산주의가 만들어 낸 좁고 깊은 상처
동서가 할퀴던 28년
전류가 흐르던 150킬로, 그곳에
꽃이 활짝 피었다
브란덴 브루크 문 위에 앉아있는 여신의 함성
역사는 그렇게
네 마리 말*에 실려 힘차게 달리는데
분단이 과거가 된 이곳에서 바라보는
현재로 남아있는 우리의 현실
사상과 이념으로 갈라진
동서 육백 리 별천지
화해의 봄바람 철조망에 걸려 넘어가지 못한다
익숙한 절망
그래도 버릴 수 없는 희망
통일은 어디쯤 오고 있을까?
뒤돌아보니 끝이 보이지 않는 250점 벽화
평화의 갤러리에 형제의 키스**
아름다운 바보들

* 네 마리 말 : 브란덴 브루크 문 위에 조각된 승리의 여신이 탄 마차를 끄는 말
** 형제의 키스 : 러시아 화가의 그림으로 전 동독 서기장과 전 소련 공산당서기장의 입맞춤을 나타낸 것이라고 한다.

# 산정호수에서

골짜기가 물을 품었다
왕건에게 쫓긴 궁예의 말년이 슬퍼
산새들이 울었다는 명성산鳴聲山
그 산자락에 묻힌 우물 같은 호수 산정山井,
하늘을 담고 있는 호수 위
푸름을 버린 산야에
붉은 잎사귀마다 가을이라 적었다
단풍잎 붉은 행간에 취해
중년의 성숙한 문장을 읽는다
머지않아 투명한 마음으로
바람 따라 날아갈 운명이지만
아직은 황홀한 빛으로
노을 길 가는 가을바람 들여놓고
여기 호숫가에 머물러 있다
저녁 어스름 산 그림자 겹칠 때면
도란도란 허허로움 다 토해놓고
다시 꽃으로 피어나
어느 가슴에 함께 울어주는
사랑이 되려고

# 지울 수만 있다면

지우고 싶은 역사 속으로 든다
폴란드 남부 오슈비엥침
독일 사람들은 이곳을 아우슈비츠라 명했다
"노동이 너희를 자유롭게 한다"
입구에 걸려있는 문구가
회색 이불을 덮은 듯 질려있다
절체절명 마지막 안간힘, 유대인
이유 없는 살인 거침없는 질주, 나치
과거를 잊지 않기 위해
현재를 살면서 실수하지 않기 위해
후손들은 이곳을 박물관으로 만들었다
바람처럼 밀려드는 추모객
차례를 기다리는 사람들
후드득 쏟아 내리는 땀방울
세월의 골짜기를 훑어 내고 있다
아무도 말 없는
가슴을 파고드는 역사의 현장
문명을 배반한 야만의 극치
광기의 역사를 추모하고 있을까
흐느끼는 소리 무겁다

## 프라하 광장

천문시계는 매시 정각에 드라마를 시작한다
주제는 인간의 일생,

종말을 예고하는 해골이 종을 당기며 등장하면 촛불이 꺼진다
죽음이다
죽음이 오고 있다
생, 자신만의 세계를 창조하려는 탐욕 욕심 증오로 분장한 인형들이 등장한다 다가오는 죽음 앞에 마음 분주한 인간들, 어디쯤 와 있나 지켜보는 열두 제자,
다시 수탉이 울고 새벽이 온다
새로운 삶이 시작된 것이다

죽음 앞에서 가슴 서늘한 인간들
그래도 몸속에 바람이 가득하다
거지 부자 귀족 노예 신분을 떠나 삶은 중요한 것
삶은 계속되어야 한다

천재적인 세공술 시계공은 시계를 독점하려는 검은 음모에 두 눈 빼앗기고, 분노에 찬 그는 시계의 작동을 멈추어버리고, 탐욕과 음모와 분노의 역사는 유라시아대륙을 넘어 오대양 육대주로 퍼져나간다

세상 끝으로

# 철암역에서

풍경을 끌어다 덮은 철암역에는
검은 역사가 흐르고 있다

겹겹이 쌓여있는 기록 뒤에 숨겨진
담벼락 낙서
죽고 사는 건 문제도 아니었다는, 그 앞에서
과거로부터 어느 석공의 절규를 만난다

막장 인생으로 살았던 아버지들이
길 위의 날을 소주잔에 붓고
핏빛 추억을 설파하는데
귀 기울이는 여행객은 아무도 없다

기적 소리에 자고 깨었을
아이들은 떠나고
어둠의 조각들이 흔들리며 스며든
까치발 건물*만 고성처럼 서 있다

허물어진 옛 집터에서 추억을 줍고 있던
초로의 신사는
허공을 바라보며 붙박이로 서 있는데
쏟아지는 빗줄기에 새파랗게 질려있는 추억이
엉금엉금 기차를 기어오르고 있다

* 건물 자체가 절반은 땅에 절반은 철암천에 세워져 있다.

# 세상을 향하여

EBS, 세계 테마기행 아프리카 편
어부 손에 올라온
물고기 한 마리
반짝이는 은빛이 찬란하다

사람도 까맣고 물빛도 까만데
물고기는 자기 빛을 잃지 않았다

오대양 육대주,
생사를 넘나드는 물길을 오가며
어느 한때 편안한 날 없었으련만
흑도 백도 황도 아닌 은빛이다

날 세우고 살아가는 인간사
부르튼 상처 위에
흔들리지 않는 물고기의 필법을 배워
햇살 한 줌 진설하고 싶다

4부

# 아직도 먼 길

# 새벽 풍경

후덥지근한 늦여름
어둠 깨우는 새벽예배 봉고차

마지막 생인 것을 알고 울부짖는
참매미, 쓰르라미도 덤으로 태우고
말씀에 갈급한 사람들
낯익은 골목을 돌고 돌아가면

통유리 까만 교회당
소박한 열망으로 채워지고
하루를 바라보기 위한 새벽 시간
가지런히 마음 모으면
어둠의 장막은 걷히고
밝아오는 먼 하늘에서 들리는 음성

새벽을 깨운 기도로
하늘 한쪽이 사르르 열리고 있다

# 아직도 먼 길

끝없는 기다림이다
당신을 향해 가는 길
걸음마를 시작할 때부터
넘어지는 법을 먼저 배우며
두 팔 벌려 세상 품을 때까지
때를 기다리는 농부의 마음이었다

그리운 이를 만나
가진 것 다 주고
추수 끝난 들녘에 서리 내리는 날
옛날 얘기하듯
넘어온 산을 뒤돌아본다
마음을 비운 기다림의 여정
작은 구유 준비하며
낙원을 향해간다

# 나목이 되다

일생 같이 걸어온 목사님
동고동락했던 여름
매미처럼 그림자처럼 열매처럼
함께했던 우리

순환의 굴레 앞에
붙잡아 줄 사랑은 실종되고
옹이진 마디마다 붉은 울음이 허무로 걸려
앙상한 가지로 하늘을 본다

함께하던 새떼도 날아가고
미풍마저 돌아눕고
갈바람에 취해 휘청휘청 넘는 산허리
햇살마저 싸늘하다

빈 몸으로 속울음 우는 당신
먼 시간의 강을 건너온
양식이 되지 못하고 땅에 떨어진 말씀
낙엽처럼 흩날린다

# 경계선

흑과 백이 공존하는 입술
달콤하면 삼키고 쓰면 뱉어 버리는
안과 밖이 다른 세상
모호한 비밀 감추고 사는
속임수에 익숙한 통로

독사의 독이 묻어있던 입술이라 해도
열린 하늘이 되면
휘파람 소리로도 찬미의 꽃을 피우지만
재갈 물리지 못한 날이면
휘몰아치는 소용돌이 모두 어둠이 된다

비록 어눌한 일상이라 해도
편 가르지 말고, 비방하는 일 없도록
천사와 사단이
등뼈 아래 숨어 사는 마음의 집에서
죄악을 이사 보낼 일이다

세우기도 하고 무너뜨리기도 하는
가장 위험한 경계
모든 것의 통로가 되는 이 문에
든든한 수문장 세워볼 일이다

# 지금부터

눈 깜짝할 사이 육십 년이 흘렀습니다
아무것도 한 것 없이 흘러가버린 세월
지금부터 시작하렵니다

더 늦기 전에 각오도 바꾸렵니다
내 삶의 전성기인
가장 좋은 날은 아직 오지 않았기 때문입니다

나의 무의식을 차지한
수치심, 죄책감, 두려움도
가슴 활짝 펴고 당당하게
지금부터 내 곁에서 얼씬거리지 말고
당장 나를 떠나라고 명령하겠습니다

정겨운 사람들, 고마운 사람들
한순간의 잘못으로 부딪치며 스쳐 가다
서로에게 아픔이 되었더라도
용서하고 배려하여
꼭 만나고 싶은 사람이 되렵니다

지금까지 내 인생은 나만을 위한 삶이었지만
이제는 준비된 낙원을 향하여
한발 한발 그분께 걸어가렵니다

* 여호와께서 너의 출입을 지금부터 영원까지 지키시리로다. (시편 121편 8절)

## 실룽아이 사람들

수천의 얼굴로 변해온
최후의 열대우림 보르네오 정글 속
아직도 길들지 않은 야생이 공존하는
지도에도 나오지 않은 땅, 그곳에
실룽아이가 있다

우주에 막을 친 바람 아래 땅
5백여 명의 무룻종족이
조상 대대로 터전을 잡고 살아온
사방을 둘러봐도 한 줄기 흙탕물이 흐르는 강과
축축한 숲의 향기만 가득하다

하늘을 닮은 눈동자로 웃으며
바람의 꼬리 붙잡고 뛰어 나오는
맨발의 아이들은
줄줄이 생산하는 어미의 후손들

더 나은 삶에 대한 욕망도 없이
수수만년 습관이 붙박이 된 인생
살아가는 데 필요한 것은
몇 개면 충분하다고 삶으로 보여준다

문명이 결박된 아득한 거리
정글에 가득한 생명의 법칙
땅끝까지 다스리는
신의 뜻은 깊었다

# 선한 사마리아인의 집

절박한 어둠이 숨어있는
아득한 그곳에
강도에 쓰러진 생명을 돌보는 선한 사마리아인이 있어
사랑의 빚을 갚으러 나선 길,
말레이시아 끄닝아우 신실한 주막엔
희망과 절망 복잡하게 얽혀
먼 거리 돌아온
허기진 눈망울들 꽃으로 피어있다
말씀의 행간 함부로 읽을 수 없는
행복한 어부 한 사람
뜨거운 태양 아래 젖은 땀 말릴 새 없는
후텁지근 습한 날씨
사랑의 부채질 내려놓지 못하고
혼탁한 진흙에서 피어나는
초록 이파리 틔우느라 분주하다
가슴 일부를 헐어
빚 갚으러 갔다가
채무 목록만 하나 더 늘었다

# 이런 날

살아가는 동안
오늘처럼 하늘이
땅이 쩍쩍 갈라지도록 소리치며
야단칠 때가
어디 한두 번이겠습니까

이런 날은 하던 일 멈추고
겸손히 앉아 생각에 잠겨보거나
하늘도 한 번 쳐다보고
가슴 저미며 두 손 모으고
천둥으로 내려오는 말씀에
귀 기울여 볼 일입니다

사랑하는 이여!
고되지 않은 삶이 어디 있겠습니까
우겨 싼 먹구름 물러가면
다시 환하게 밝아 오리니
밤이 깊었다면
새벽은 그대의 것이겠지요.

# 약속

살아있는 모든 것을 일시에 집어삼킬 듯
광풍이 휘몰아친다

하늘이 무너져 내리고
온 산야가 울음바다로 엄습해오는 죽음의 공포
혼돈과 공허의 역사는
끝이 보이지 않는다

다시는 인간 세상을
용서치 않기로 작정한 시간
무릎 꿇지 않는 생명에
하늘의 경고이다

우리의 연약함을 아시고
택한 백성에게
무지개 약속을 잊지 않으신
지고한 존재여

질곡의 어둠 속에서도
그 모습 만민에게 보이소서.
부르면 언제든 대답할
그 거리에 있겠습니다.

* 무지개가 구름 사이에 있으리니 내가 보고 나 하나님과 모든 육체를 가진 땅의 모든 생물 사이의 영원한 언약을 기억하리라(창9:16)

# 추수감사절에

지금은 당신께서 거두시는 계절
지난여름 무더위 속에서, 때로는 폭풍우 속에서
생명이 있는 것들을 성숙시키고
이제 열매 맺게 하시어
향기롭고 달콤한 맛을 주셨습니다

아름다운 사계절을 만드시어
햇살처럼 눈이 부신 우리 아이들
하늘을 향해 비상하게 하시고
몸과 마음이 자라게 하시는
명철을 주셨습니다

한 모금의 공기와 은혜의 단비와
찬란한 태양과 달과 별 그리고 구름
당신이 주신 셀 수 없는 이 무상의 것들
당신 눈동자 안에 살게 하시고 찬란한
햇빛과 붉게 물든 노을까지 보게 하시고
건강한 몸과 마음 주시어
당신이 주신 가족 사랑하게 하시고
몸 된 교회 세워 주심에 감사합니다.

비구름 장대비 쏟아져도
소나기는 잠깐의 시련임을 깨닫게 하시고
낙엽으로 비우는 것 배우게 하시어

아픔이 있다 하더라도
오늘은 무거운 짐 다 벗고
행복과 기쁨으로 함께 어울려
풍성하게 나누고 베푸는 날이게 하소서

주여.

# 어느 성탄절

논둑길 지나 큰 냇가 건너
하얀 눈 고봉으로 쌓인 길을 밤마다 걸었다
성탄 전야를 준비하는 무희
어머니는 추운데 미쳤다 야단이고
마땅히 동행할 사람도 없는데
거듭되는 연습
무릎 푹푹 빠지며 네 발로 기어가면
건넛마을 언덕 위 예배당엔
환한 꽃등 피어
노엘노엘 지나가고
동방에서 별을 찾아온 박사들
예물 드리고 나면
조명 꺼진 무대 위에
하얀 소복 입은 촛불 든 천사들
고요한 밤 거룩한 밤 어둠에 묻혀 지나갔다
어디선가 나타난 까까머리 팬들
예배당은 성탄 축하인지
꽃을 찾아온 나비들의 열기인지 모를
뜨거움으로 후끈 달아오르고

# 해맞이

해 뜨는 곳을 찾아 어두운 생 달린다
잠 못 이루던 샛별들이 멀어져간
생명 싸개 우주의 비밀 커튼이 열리고
싸늘한 바람의 전주곡 들린다
해를 토하려 검은 바다는 뒤척이고
몸부림치는 빛의 다툼이 시작되면
붙박이 된 망막 렌즈 앞으로
세월의 바람 서늘하게 지나간다
매일 뜨고 지는 태양이 새로울 게 없으련만
희망 건져 올리려 먼 길 달려온 인파의 함성
다시 꿈꾸고 다시 시작하려는 간절함이
가슴으로 전해온다
살아있는 모든 것에 기쁨이 되고
한때는 신이라 칭함을 받았으면서도
자신을 내려놓을 줄 알아
스스로 붉어지는 눈부신 부끄러움
덩달아 부끄러운 내 모습

# 한 해의 끝자락에서

해마다 이맘때면
가슴 밑 멍울을 봅니다
새해라는 백지 위에
아름다운 빛깔로 수繡놓았던 다짐은
어느새 망각 속으로 던져버리고 살았습니다

따스하게 보듬는 말보다
바람 소리 같은 거친 언어들이 난무하는 가슴
아직도 비틀거리는 행위들이
나를 낯설게 합니다

감추고 살아도 비정한 심장에
깊은 뿌리로 박혀있나 봅니다
하늘빛 소망 담아 '미안해' 하고픈데
행하지 못한 믿음이
후회의 깃발로 펄럭입니다

다시 또 한 해를 선물로 받습니다
주님의 사랑으로 연장받은 생명
부끄럽지 않도록 살아보자고
조용히 무릎 꿇은 시간

고난이 몰려오더라도
아름다운 빛으로 채색하면서
십자가 사랑 신뢰하라고
세미 하게 들려오는 음성
가슴에 또 새깁니다

작품해설

# 최초의 본질에 대한 질문

– 전영란 시집 『바람 소리』

마경덕(시인)

# 최초의 본질에 대한 질문

– 전영란 시집『바람 소리』

마경덕(시인)

얼마나 많은 비밀이 아직 우리를 기다리고 있을까. 그 의문에 답을 찾으려는 인간의 노력으로 감춰진 비밀이 수없이 드러났지만 풀리지 않는 과제가 주변에 널려있다.

과학의 발달로 우주까지 인공위성을 쏘아 올리고 우주선이 지구궤도 밖으로 나갔다가 다시 귀환하는 시대에 우리는 살고 있다. 지구 주위를 도는 유인위성有人衛星까지 등장했지만 정작 머리카락 한 오라기 만들 수 없는 것이 인간의 한계이다. 생명에 관한 권한은 세상을 창조한 신의 영역이기 때문이다. 씨를 뿌리는 것은 인간이 할 수 있지만, 그 씨를 키우는 것은 신의 능력이듯이 봄볕에 새순이 쑥쑥 자라고 꽃봉오리가 활짝 꽃잎을 펼쳐도 그 움직임을 사람의 눈으로 볼 수는 없다.

공기 역시 보이지 않는다. 깃발이 흔들리고 고요한 수

면에 파문이 일고 나뭇가지가 흔들리는 것으로 바람을 감지할 뿐이다. 분명한 사실이 육안으로는 보이지 않듯이 세상엔 보이지 않는 힘이 존재한다.

종교는 인간의 인식을 뛰어넘는 곳에 있는 절대자의 존재로부터 출발한다. 그 힘을 가진 이가 공기, 바람, 햇빛, 물, 바다, 산, 들… 우리에게 꼭 필요한 것들을 값없이 주셨다.

인간은 맹수처럼 사나운 발톱도 날카로운 이빨도 없다. 초원의 짐승처럼 태어나자마자 걸을 수도 없다. 새처럼 자유롭게 하늘을 날 수도 물고기처럼 빠르게 헤엄을 칠 수도 없다. 하지만 사람에게만 주어진 특권으로 지구를 장악하고 만물을 다스린다. 지혜가 없었다면 나약한 인간은 오래전에 멸종되었을 것이다.

신이 창조한 인체는 지극히 정교하고 오묘하다. 사람을 만든다고 가정假定하고 그 비용을 예측해보니 어마어마했다고 한다. 측량할 수 없는 소중한 것을 그저 당연함으로 받아들여 소홀히 여긴 적은 얼마나 많은가. 아직 신의 존재를 모르거나 신을 부인하며 살아가는 사람들도 부지기수다.

시인은 여느 사람과 다르다. 영감靈感을 얻어 시를 쓰는 시인들, 신에게 선택된 사람들이다. 심령의 미묘한 작용으로 하늘의 언어와 눈빛을 기록하는 능력은 편애에 가까운 신의 은총이다. 태양과 바람을 빌려 쓰고 생각을 짓고 허무는 시인들은 신과 가까운 거리에 있다. 논리적으로 설명되지 않는 것들로 세상은 움직인다.

영국 옥스퍼드 대학 출신인 감리교 창시자 존 웨슬리도 지성적으로나 논리적으로 세련된 설교를 할 때는 영혼 구원에 실패했다고 한다. 비논리적이더라도 하나님을 전적으로 의지하고 설교했을 때 많은 영혼이 구원받는 역사가 일어났다고 한다.

전영란 시인의 세 번째 시집 「바람 소리」는 詩로 하나님을 찬양한 다윗처럼 이 세상을 창조한 유일신 하나님을 경외하며 시를 통해 믿음을 고백한다.

일찍이 예수도 비유를 사용해 많은 사람을 가르쳤다. 직설적 표현을 피하고 우회적 화법話法을 사용한 예수 또한 빼어난 시인이 아니겠는가.

예수는 "귀 있는 자는 들으라."(마태 13:9) "너희 귀는 들음으로 복이 있도다"(마태 13:16)라고 하였다. 들음으로 깨닫게 되는 것이니 청각의 감각기관인 귀의 사명은 크다고 할 것이다. 전영란 시인은 세상의 소리보다는 하늘의 소리에 더 귀를 기울인다. 태어난 지 사흘 만에 한쪽의 소리를 잃어버린 귀는 하늘을 향해 열려있다.

> 내게 소리를 먹지 못하는
> 귀 하나 있습니다
> 태어난 지 3일 만에
> 신이 회수해 갔습니다
> 쓴소리든 단 소리든 밖에서 맴돌다
> 흔적도 없이 사라집니다
> 주인을 잘못 만난 달팽이관은

다섯 번이나 마취제를 삼켰습니다
그럼에도 불구하고 한쪽 귀로만 듣다 보니
놓치는 것이 많습니다
남들도 나와 같은 줄 알고
목소리만 커졌습니다
겉으로 보기에는 멀쩡하기에
아무도 모릅니다
남편도 몰랐습니다
하지만 잘 들리는 소리
나의 귀를 가져가신
그분 목소리입니다

–「귀」전문

소리를 먹는다고 하였다.

몸에 유익한 소리는 듣는 것에서 그치지 않고 몸으로 가슴으로 삼키는 것이다. 건성으로 들으면 소리는 흩어지고 오독을 일으킨다. 집중하는 것, 무언가에 깊이 빠져드는 것도 몸이 외부의 자극에 민감하게 작용했기 때문이다. 우리는 날마다 수많은 소리를 먹고 살아간다. 듣기 좋은 소리만 골라 들을 수는 없다. 쓴소리 거친 소리도 다 들어야 한다.

귓속의 달팽이관이 탈이 나면 몸은 중심을 잃는다. 멀미를 방지하기 위해 귀밑에 패치(patch)를 붙이듯이 마음의 평형감각을 유지하기 위해 해로운 말은 스스로 걸러내야 한다.

멀쩡한 두 귀로 중심을 놓치고 그것마저 인지 못 하는 세상과 소통하기 위해 목소리를 높여야 하는 시인은 남은 한쪽의 귀를 스스럼없이 보여준다. 시인은 한쪽의 귀로

신의 음성과 말씀을 편식한다. 그것은 전영란 시인에게 무엇보다 우선이고 값진 것이다.

세상에 나오기 바쁘게
내 몸에서 가장 먼저 나를 떠나
오랜 고단한 날에도
묵묵히 참고
내 곁에 머물러 있다가
몸이 아프다고
좀 쉬어야 하겠다고
가장 먼저 신호를 보내줍니다
작은 바람에도 가냘프게 떨며
제일 먼저 내게 통보합니다

– 「바람 소리」 부분

시집의 표제 시 「바람 소리」에서 보여준 한쪽의 귀는 두 쪽의 역할까지 도맡아 작은 바람에도 가냘프게 떨린다.

몸이 아프면 가장 먼저 신호를 보내오는 귀, 「바람 소리」는 위험 앞에 노출된 나약한 시적 화자의 모습과 일치한다.

일상의 테두리 안에 견인된 소망들, 기도로 살아온 시인에게 말씀은 위로요 희망이다. 그 신앙의 힘으로 시인은 바람 속에서도 다시 일어서서 세상을 살아낸다.

「이런 날」에서도 화두는 단연 '소리' 이다.

살아가는 동안
오늘처럼 하늘이
땅이 쩍쩍 갈라지도록 소리치며
야단칠 때가

어디 한두 번이겠습니까

이런 날은 하던 일을 멈추고
겸손히 앉아서 생각에 잠겨보거나
하늘도 한 번 쳐다보고
가슴 저미며 두 손 모으고
천둥으로 내려오는 말씀에
귀 기울여 볼 일입니다

사랑하는 이여!
고되지 않은 삶이 어디 있겠습니까
우겨 싼 먹구름 물러가면
다시 환하게 밝아 오리니
밤이 깊었다면
새벽은 그대의 것이겠지요

–「이런 날」 전문

이 시를 읽으면 진동이 느껴진다.

언어를 넘어 달려오는 소리들, 물체의 진동이나 기체의 흐름에 의해 발생하는 파동들, 소리의 진폭을 따라오는 두려움, 빛은 소리보다 빨라 '번개'가 친 뒤에는 으레 '천둥'이 이어진다. 뇌성과 번개를 동반한 대기 중의 방전 현상에 누구나 긴장한다.

「이런 날」이 보여주는 굉음은 단순히 물리적인 소리가 아닌 하늘의 경고로 읽힌다. 엄습해오는 천둥소리에 하던 일마저 멈추고 겸손히 가슴 저미며 두 손을 모으는 시인은 먹구름에 둘러싸인 밤이라도 새벽이 있기에 고통의 시간을 견딜 수가 있다고 한다.

「이런 날」은 하늘의 경고를 겸허히 받아들여 성찰하며

두려움을 극복하는 과정을 보여준다. 시인은 두려움을 넘어서는 의지로 충만하다. 그녀의 시는 물처럼 스미고 편안한 울림을 준다. 읽히는 것이 읽히지 않는 시보다 더 좋다는 것을 독자는 알고 있다.

수천의 얼굴로 변해온
최후의 열대우림 보르네오 정글 속
아직도 길들지 않은 야생이 공존하는
지도에도 나오지 않은 땅, 그곳에
실룽아이가 있다

우주에 막을 친 바람 아래
5백여 명의 무릇종족이
조상 대대로 터전을 잡고 살아온 땅
사방을 둘러봐도 한 줄기 흙탕물이 흐르는 강과
축축한 숲의 향기만 가득하다

하늘을 닮은 눈동자로 웃으며
바람의 꼬리 붙잡고 뛰어 나오는
맨발의 아이들은
줄줄이 생산하는 어미의 후손들

더 나은 삶에 대한 욕망도 없이
수수만년 습관이 붙박이 된 인생
살아가는 데 필요한 것은
몇 개면 충분하다고 삶으로 보여준다

문명이 결박된 아득한 거리
정글에 가득한 생명의 법칙
땅 끝까지 다스리는
신의 뜻은 깊었다

– 「실룽아이 사람들」 전문

지도에도 없는 땅 최후의 열대우림 보르네오 정글, 문명이 결박된 아득한 거리에서 시인은 땅끝까지 다스리는 신을 만났다.

필요한 것은 몇 가지면 충분하다. 이것은 그들만의 생존의 법칙, 가지지 않아 다툴 것도 없고 빼앗길 것이 없으니 평화롭다. 통틀어 500여 명의 종족, 한 줄기 흙탕물이 흐르는 강을 붙잡고 살아간다. 태초에 신이 인간을 지을 때 이런 모습이길 바라지 않았을까.

바벨탑을 무너뜨리고 언어를 혼잡하게 한 신의 뜻이 이곳에 있었다. 많이 가지고 많이 누리는 자가 행복한 삶이라고 누가 단언할 것인가. 나라와 나라 간의 전쟁이 그치지 않는 세상, 평화야말로 지상 최대의 과제이다.

옛말에 "천석꾼은 천 가지 걱정, 만석꾼은 만 가지 걱정이 있다"고 했다. 한 나라의 거주자가 일정 기간 동안 생산한 모든 재화와 용역을 시장가격으로 평가한 GNP, 1인당 국민소득이 5,900＄인 가난한 나라 코스타리카는 GNP 순위 69위였지만 세계에서 가장 행복한 나라에 뽑혔다. 반면 GNP 세계1위 1인당 국민소득 10만 4천 6백＄인 룩셈부르크는 국민 행복지수 22위였다. 국가나 개인이 부유하다고 행복한 것만은 아니라는 증거이다.

걱정이나 근심으로 어떤 문제를 실제로 해결할 가능성은 5% 미만이라고 한다. 갈수록 삶은 복잡다단해지고 현대사회는 더 나은 삶의 질을 획득하기 위해 수단과 방법을 가리지 않는 경쟁사회가 되어간다. 물질은 풍부해도 사랑은 식어간다. 이런 문제점은 일찍이 선지자들이 예언했으며 성경에 그대로 기록되었다.

"공중의 새를 보라 심지도 않고 거두지도 않고 창고에 모아들이지도 아니하되 너희 하늘 아버지께서 기르시나니 너희는 이것들보다 귀하지 아니하냐" (마 6:26)

"너희 중에 누가 염려함으로 그 키를 한 자라도 더할 수 있겠느냐?" (마 6:27)

"그러므로 내일 일을 위하여 염려하지 말라 내일 일은 내일이 염려할 것이요 한 날의 괴로움은 그날로 족하니라"(마 6:34)

"마음의 즐거움은 양약이라도 심령의 근심은 뼈를 마르게 하느니라" (잠 17:22)

미국 신경 정신학자 엘머게이츠는 사람이 화를 낼 때 나오는 호흡을 모아 액화를 시켰더니 '코르티솔' 이라는 성분이 나왔는데 이를 쥐에게 먹였더니 30초 뒤에 죽었다고 한다.

전영란 시인은 오지의 여행지에서 하늘의 뜻을 따라 살아가는 맨발의 평화를 만났다. 진정 신의 뜻은 깊고 깊었다.

살아있는 모든 것을 일시에 집어삼킬 듯
광풍이 휘몰아친다

하늘이 무너져 내리고
온 산야가 울음바다로 엄습해오는 죽음의 공포
혼돈과 공허의 역사는
끝이 보이지 않는다

다시는 인간 세상을
용서치 않기로 작정한 시간
무릎 꿇지 않는 생명에
하늘의 경고이다

우리의 연약함을 아시고
택한 백성에게
무지개 약속을 잊지 않으신
지고한 존재여

질곡의 어둠 속에서도
그 모습 만민에게 보이소서
부르면 언제든 대답할
그 거리에 있겠습니다

– 「약속」 전문

신의 계시에 따라 방주를 만들어 대홍수에도 살아남았던 노아. 그 당시 노아는 신에게 순종하는 단 한 명의 욕심 없는 의인이었다. 하나님은 죄악으로 가득 찬 이 땅을 물로 쓸어버린 후 땅에 있는 모든 생물 사이에 세운 언약의 증거는 '무지개'였다. 물과 빛과 공기로 만들어진 '무지개' 는 하나님의 용서와 사랑을 나타내는 상징이었다.

경이로운 무지개의 성질을 과학적으로 규명한 사람은 17세기 철학자 데카르트(Rene Descartes)였다. 그 이후 대기과학자들에 의해 무지개의 원리가 밝혀졌다.

셰익스피어는 "무지개에 다른 색을 첨가하는 일은 무의미하다"고 하였다. 무지개는 모든 기상현상 중에서 가장 아름답기 때문이었다. 그 무지개가 하늘에 걸리기까지 지구는 죄악으로 인해 멸망을 당하는 혼돈과 공허의 역사로 점철되었다.

19세기 중반 중동까지 뻗어 간 고고학의 발굴로 성서에 기술된 일부가 역사적 사실이었던 것이 증명되었다. 구약성서의 무대인 메소포타미아 주변에서부터, 전설상의 장소라고만 여겨지던 성서에 기록된 도시의 유적까지 차례대로 발견되었기 때문이었다. 신이 인간에게 주신 '약속' 을 믿고 전영란 시인은 '부르면' 언제든 대답할 그 '거리' 에 있겠다고 했다.

성서에는 아버지의 곁을 떠난 아들이 탕아가 되어 돌아오는 이야기가 있다. 아버지라는 '안전거리' 에서 벗어나 걸인이 되어버린 아들은 회개하며 아버지에게 돌아온다. '부르면 대답할 거리' 로 들어선 것이다. '선과 악' 의 거리가 멀고도 가깝듯 신과 인간의 관계도 마찬가지가 아닐까. '부르면 대답할 그 거리' 는 가장 안전한 거리, 즉 신으로부터 구원을 받을 수 있는 거리인 것이다.

> 일단 먹고 보는 세상, 먹고 먹고 또 먹고, 선악과
> 를 먹은 조상을 가졌으니 할 말은 없지만, 밥도 먹

고 술도 먹고 돈도 먹고 피박도 먹고 광박도 먹고 쓰리고도 먹고 여기저기 눈에 보이든 안 보이든 변리라도 내서 골고루 먹는다 봄이 온다는데 민주화된 세상이라는데 청렴결백이라는데 아직도 버리지 못한 구시대 근성 지능 높은 꾼들은 여전하고 권력의 단맛에 길들어 뇌물은 재판을 굽게 한다는데 선물도 선물 나름 너무 크면 자기 살 찢을 줄 머지않아 알겠지.

11개월 된 예림이
머리끈도 먹고 종이도 먹고 제가 싼 것도 먹고
강아지 밥도 먹더니 가위도 먹는다
이놈아, 입술 찢어져!
달려가서 빼앗지만 알 턱이 있나
으앙!
먹지 못한 설움만 눈덩이처럼 뭉실뭉실

－「먹고 보는 세상」 전문

"먹다 죽은 귀신 때깔도 곱다"는 속담이 있다.

이 말은 '굶어 죽은 귀신'의 상대적인 말이니 가난하고 힘없는 '약자'는 굶어 죽고 권력을 쥔 '강자'는 넘치게 먹어 죽어도 '때깔이 곱다'는 뜻일 것이다.

"외상이면 소도 잡아먹는다"는 속담도 있다. 뒷일은 어떻게 되든지 우선 당장 좋으면 그만인 것처럼 무턱대고 행동함을 비유적으로 이르는 말이다. 음식에 관한 속담이 많은 것은 그만큼 배고픔에 대한 설움이 많았던 탓이 아닐까. '먹는다는 행위'는 생명과 직결된다. 그래서 어린 아이들도 본능적으로 제 것을 빼앗기지 않으려고 움켜쥔다.

과거의 어느 지점, 달콤한 유혹이 시작된 에덴이라는 동산에서 불행은 시작되었다. 뱀의 꼬임에 빠져 신이 금지한 선악과를 따먹은 대가는 혹독했다. 그 후손들이기에 밥도 먹고 술도 먹고 돈도 먹고 피박도 먹고 광박도 먹고 쓰리고도 먹고… '먹고'로 이어지는 「먹고 보는 세상」은 권력의 단맛에 길들어버린 이 시대의 슬픈 자화상이다.

그 누구도 책임지지 않는 사회, 나만 좋으면 그만이라는 이기주의가 부지불식간에 뿌리를 내렸다. 이 사회의 비뚤어진 가치관이 사회적 병폐를 부추겼다.

전영란 시인은 「먹고 보는 세상」으로 이 시대의 부조리를 신랄하게 풍자하며 비극을 시니컬하게 진열한다.

> 길들지 않은 야성의
> 삭막하고 메마른 땅
> 끊임없이 이어지는 사막 한가운데
> 기적처럼 펼쳐진 화려한 도시,
> 뜨거운 숨결 토하는
> 라스베이거스가 있다
> 화려하게 수놓은 야경 아래 알몸 무희는
> 때론 섬세하게
> 때론 강렬하게
> 호기심 가득한 여행객을 희롱하고
> 일확천금 꿈을 안고 찾아온 이방인들은
> 밤을 잊은 카지노에서
> 도깨비 방망이를 두들겨보지만
> 삼키는데 익숙한 게임기는
> 다고 다고 밖에 모르는
> 심장이 마비된 음녀다
> 세계 사람들이 북적이는 이곳에서

소돔과 고모라만 어른거린다

— 「중심 잡기」 전문

시 전체에 흐르는 기류가 불안하다.

사막 한가운데 기적처럼 펼쳐진 환락의 도시 라스베이거스. 각국에서 몰려온 이방인들은 밤새 카지노에서 요술방망이를 두들겨 일확천금을 캐보지만 꿈은 무산되고 '다고' '다고' 밖에 모르는 음녀 앞에 비참하게 전락한다. 알몸의 무희가 몸을 흔드는 타락하기 좋은 화려한 도시는 현대판 '소돔과 고모라'와 무엇이 다를까.

구약성서 창세기에 기록된 악덕과 퇴폐의 도시는 사해 가까이에 있었다고 한다. 신의 노여움을 받아 유황과 불에 의하여 모두 멸망한 소돔(Sodom)과 고모라(Gomorrah)의 폐허가 사해의 동남쪽에서 발견되었다. 고고학자들은 지붕에서부터 시작된 화재에 의해 불탔다는 것을 발견했다. 하지만 어떻게 그런 일이 일어날 수 있었을까?

답은 다음의 성경 구절에 기록되었다.

"여호와께서 하늘 곧 여호와에게로서 유황과 불을 비같이 소돔과 고모라에 내리사 그 성들과 온 들과 성에 거하는 모든 백성과 땅에 난 것을 다 엎어 멸하셨더라" (창 19:24,25)

사해 남부 지역에는 아스팔트와 유사한 역청이라고 불리는, 석유가 기초성분인 물질이 지하에 풍부하게 퇴적되어있는데 일반적으로 높은 비율의 유황이 포함되어 있다.

지질학자인 프레드릭 클랩은 지진 시 발생하는 압력이 지표 밖으로 분출될 때, 불이 붙은 불덩어리가 땅으로 떨어질 수 있다고 하였다. 소돔과 고모라의 터가 발견된 것은 클랩이 이론을 주장했던 바로 직후였다. '소돔과 고모라' 가 있던 장소는 사해 남쪽 평원의 동편을 따라 단층선상에 정확히 위치하고 있었다. 구약성서에 기록된 일이 사실로 드러나는 놀라운 순간이었다.

전영란 시인은 '환락' 뒤에 숨겨진 인간의 '추악함' 을 짚어낸다. '유혹' 과 '쾌락' 이라는 종양을 안고 살아가는 현대인들, 시인은 중심을 잡지 못하고 비틀거리는 타락한 이 시대의 단면을 적나라하게 보여준다.

시어를 찾으려 동분서주
시도 때도 없이 강변에 나가
흐르는 물에 귀 기울이고
새 소리 꽃 열리는 소리 낙엽 지는 소리 들으며
개미와 지렁이 나비의 춤사위 곁을 지켰다

먼 길 떠나기 여러 번
살아있는 것들에 소리와 냄새의 맛을 보았다
한 겹씩 벗겨지고 알몸 다 드러내니
타고난 끈은 되지 못해 둔탁한 소리가 괴롭힌다

세월과 함께 시어는 늙어가고
관념은 초라하기 짝이 없다
주어와 목적어 서술어만 만지작거리면
은유와 상징은 바위 뒤에서 낮잠을 자고
필요 없는 조사는 수치심도 모르고 설치고 있다

이제 껍질을 벗고 다시 길을 떠나 보리라
바람이 들려주는 해와 달 창공의 언어를 찾아
나무와 꽃에 잠든 벌레들의 말을 들으려
신이 만드신 태초의 언어를 찾아

— 「다시, 시작」 부분

시인은 산고를 치르며 시집을 엮는다.

시가 발화하는 지점을 찾아 방황한 시간을 들여다보면 한 편 한 편 통증이다. 시인은 시인이기에 내밀한 자신만의 세계가 있다. 그 공간으로 바람과 구름을 불러오고 마지막 한 방울까지 메스를 들이대고 해부를 시도한다. 의미망으로 연결되는 시어를 찾아 밤의 미로를 헤매거나 자연을 받아 적으려 귀를 열기도 한다. 소리와 냄새와 감촉들, 오감을 사용해 그들을 읽어야 한다.

하지만 타고난 꾼은 되지 못해 시어는 늙어가고 필요 없는 사족은 늘어간다. 파문으로 번지다가 소리 없이 소멸하는 것들을 언어로 기록하지 못했고 나무와 꽃에 잠든 벌레의 숨결도 아직 만나지 못했다.

시인은 결핍을 끌어안고 다짐을 다그치며 다시 새로운 시작을 꿈꾼다. 현재를 초월하는 힘은 시인의 중심에서 작용한다.

신이 만드신 태초의 언어는 어디에 있는가?

불끈 치솟는 언어의 덩어리들, 여러 시편에서 드러난 절대자를 향한 '믿음' 이라는 코드는 하나로 이어져 있다.

애초에 전영란 시인이 찾아 나선 시어는 지상의 말이

아닌 순결한 하늘의 언어였는지도 모른다. 「바람 소리」는 혼돈의 세상에 던져진 인간은 얼마나 '최초의 본질'에 가까워질 수 있을까에 대한 근원적 질문이며 '영혼의 깊은 곳'까지 드러낸 필생의 고백서이다.

Jeon Yeong-ran

다시올시인선 017
바람 소리

초판인쇄 | 2014년 12월 1일
초판발행 | 2014년 12월 5일

지은이 | 전영란

펴낸곳 | 도서출판 다시올
발행인 | 김영은
디자인 | 박지혜
펴낸곳 | 도서출판 다시올
등 록 | 2007년 10월 9일 [제 310-2007-00028]
주 소 | 서울노원구월계동 382-55
전 화 | 070-7431-5941, 031-836-5941
팩 스 | 031-855-5941
메 일 | maxim3515@naver.com



ISBN 978-89-94414-55-3 03810
값 9,000원